改訂版！ はてな？ なぜかしら？
国際問題

1

改訂版！

はてな？　なぜかしら？

中東問題

監修：池上彰

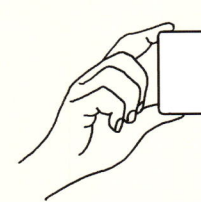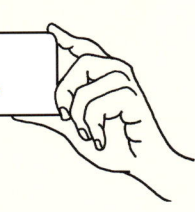

この本を読むみなさんへ

「人類の歴史は戦争の歴史だ」と言われることがあります。人間は、長い間、おたがいに戦い、殺し合ってきました。いくつもの国ができてはほろび、領土を広げたり失ったりするという歴史をくり返してきたのです。

20世紀に、人類は2度の大きな戦争を起こしました。たくさんの大切な命がうばわれ、住むところを失う人もたくさんいました。2度の戦争の後、人間どうしが命をうばい合う、戦争などというおろかなことはやめようと、平和を守るための組織がつくられました。

しかし、地球上から、戦争やそのほかの争いはいまだになくなっていません。こうしている今も、世界のどこかで、大切な命がうばわれる争いが起こっています。

なぜ人間は、おたがいに戦わなければならないのでしょう。

このシリーズでは、最近世界で起こった、または今も起こっている「国際問題」について考えていきます。世界にはどんな国際問題があるのか、その原因は何なのか、新聞やテレビなどのニュースだけではよくわからないことも多いでしょう。それらの問題について、できるだけわかりやすく説明しました。また、読んだあなた自身が考えられるようにもなっています。国際問題について学び、平和な世界を築いていくためにはどうしたらいいのかを考えてみてください。

この巻では、「中東」での問題を取り上げています。中東とは、ヨーロッパに比較的近い東である、西アジアや北アフリカをさします。

中東では、第二次世界大戦の後、イスラエルが建国されたころから紛争が続き、21世紀になってからは、アフガニスタンやイラクなどで、大きな戦争が起こりました。今も「イスラム国」の問題などがあり、世界中から注目されています。

中東で何が起こっているのか、それはなぜなのか、この地域がどんな歴史を歩んできたのかなどについて、いっしょに考えていくことにしましょう。

1950年、長野県生まれ。大学卒業後、NHKに記者として入局する。社会部などで活躍し、事件、災害、消費者問題などを担当し、教育問題やエイズ問題のNHK特集にもたずさわる。1994年4月からは、「週刊こどもニュース」のおとうさん役兼編集長を務め、わかりやすい解説で人気となった。2012年から東京工業大学教授。
おもな著書に、『一気にわかる！池上彰の世界情勢 2016』（毎日新聞出版）、『池上彰の世界の見方』（小学館）、『大世界史』（文藝春秋）、『池上彰の戦争を考える』（KADOKAWA）がある。

監修　池上彰

＊このシリーズは、2015年12月末現在の情報をもとにしています。

もくじ

過激な考え方に基づき、テロなどを起こしている「イスラム国」が、国際社会で問題になっています。どのようなことが問題になっているのでしょうか。

1 「イスラム国」の目的は何なの？

国ではない「イスラム国」

「イスラム国」と名乗る集団が、広い地域を支配し、人質をとるなどしています。

「イスラム国」は、名前に「国」とついているように、かれら自身は、自分たちを1つの国家であると主張していますが、「イスラム国」を正式な国家として認めている国はありません。

7世紀に、**ムハンマド**という人が、現在のサウジアラビアで始めた、**イスラム教**という宗教があります。イスラム教は、大きく、**シーア派**と**スンニ派**という宗派に分かれています。「イスラム国」は、スンニ派に属する人々です。

かれらは、自分たちの指導者がイスラム社会の最高指導者だと考えています。そして、自分たちを、イスラムの教えを正しく受けついでいる国家であるとしています。また、神を信じない考え方（無宗教）を認めません。かれら以外はすべて敵であり、敵をたおすためなら武力を使ってもかまわないと考えています。これは、世界の常識から見ると、たいへんかたよったものです。

「イスラム国」は、イスラム社会全体をまとめることを目的としています。そのために、周りの地域を攻撃したり、敵と見なした人々をとらえて殺したりしています。このようなやり方が、国際社会で通用するはずはありません。

武力で勢力を拡大

「イスラム国」を構成する人々の多くはイラク人やシリア人です。インターネットの**SNS**（ソーシャル・ネットワーキング・サービス＝利用者同士のコミュニケーションを深めるサービス）を使って、各国から仲間を募集しています。

これまでに、アメリカ、イギリス、フランス、中国など、約80もの国々から、若者を中心に1万5000人以上が「イスラム国」に加わったと見られています（2015年現在）。

「イスラム国」に加わる若者は、自分の国に不満を持ち、将来に希望を持てず、「イスラム国」が理想的な国だと信じているようです。

「イスラム国」は、勢力をのばすために、周辺地域にせめこんで一般の人々から物資をうばったり、テロによって大勢の人々の命をうばったりしています。また、資金を集めるために、外国人をゆうかいして、身代金を要求したりしています。

「イスラム国」の勢力が大きくなることは、この地域の平和を乱すばかりか、世界中が危険にさらされることにもつながるのです。

「イスラム国」の目的は…

「イスラム国」は、自分たちを、イスラムの教えを正しく受けついでいる国家と考え、イスラム社会をまとめることを目的としています。

おれたちの指導者は、イスラム社会の最高指導者だ。

イスラムの教えを正しく受けついでいる。

われら以外はみな敵だ！

イスラム社会をまとめるのが、われわれの目的だ。

「イスラム国」の兵士たち

「イスラム国」に参加する人の多くはシリア人です。そのほかに、アメリカ、イギリス、フランスなどから参加する若者もいます。

武器を持ち、「イスラム国」の旗をかかげる兵士たち。

写真：AFP＝時事

1 「イスラム国」の目的は何なの？

シリアにできた反政府組織が拡大した

「イスラム国」が支配しているのは、西アジアのシリアとイラクにまたがる地域です。

では、「イスラム国」は、どのようにしてできたのでしょうか。

シリアでは、2011年以来、政府軍と政府に反対するいくつかの組織との間で争いが続いてきました。これを見て、となりの国のイラクにあった過激派組織**「イラクのイスラム国」**が、2013年4月に、名前を**「イラクとレバントのイスラム国（ISIL）」**と変え、シリアまで攻めこみました。レバントというのは、地中海東岸の、シリア、レバノン、トルコなどをふくむ地域をさします。このISILが、2014年6月に、イスラム国家を打ち立てることを宣言し、名前を**「イスラム国（IS）」**と改めたのです。

「イスラム国」という呼び方は、よく知らない人が聞くと、「イスラム教の国」のように考えてしまうおそれがあります。また、「イスラム国」がテロなどを起こすことを知ると、イスラム教を信じる人や、イスラム社会全体がこのように過激なことをするという誤った見方をされることもあるかもしれません。このような理由から、かれらを「イスラム国」と呼ばないようにしようという人もいます。日本でも、テレビや新聞などでは、「過激派組織IS」のように呼ぶようになっています。

「イスラム国」という呼び方にまどわされず、実態を知ることが大切です。

「イスラム国」が世界の平和をおびやかす

「イスラム国」は、2014年からイラク北部と西部でさかんに活動するようになり、6月にイラク第2の都市モスルを、8月にはシリアのラッカを支配しました。ラッカは、「イスラム国」の首都の役割をしています。

2015年5月には、イラク中央部のラマディとシリアのパルミラも、「イスラム国」に制圧されました。

イラクやシリアには、石油が出る油田があります。「イスラム国」は、石油や石油製品をこっそり売って、お金をかせいでいると考えられています。また、シリアやイラクの政府軍と戦ってうばった武器を使っています。

2015年7月現在、「イスラム国」は、イラクとシリアの一部の地域を支配しています。その面積は、約30万km^{2}にもおよびます。日本の国土の面積は約38万km^{2}ですから、相当に広い面積です。その半分以上は砂漠ですが、この地域には、約800万人の人が暮らしています。

「イスラム国」の軍事部門は3万〜5万人と考えられています。各地で戦闘をくり広げていることに加え、テロなどをしかけたり外国人をゆうかいするなど、勢いがおとろえるきざしは見られません。2015年1〜2月には、日本人2人もぎせいになりました。

「イスラム国」は、この地域だけでなく、世界の平和をおびやかす要因にもなっているのです。

「イスラム国」の勢力範囲

イラク北部とシリア東部にかけて、「イスラム国」の勢力範囲が広がっています。その面積は、2015年現在で、約30万km²です。この地域には、約800万人が住んでいます。

「イスラム国」と世界の動き

2011年	シリアで政府の軍隊と、政府をたおそうとする勢力との争いが続く。
2013年4月	「イラクのイスラム国」が、「イラクとレバントのイスラム国（ISIL）」という名前になる。
2014年6月	「イラクとレバントのイスラム国（ISIL）」がイラクの都市モスルを支配する。
2014年6月	「イラクとレバントのイスラム国（ISIL）」が「イスラム国（IS）」という名前に変わる。
2014年8月	「イスラム国」がシリアの都市ラッカを支配する。
2015年1月 2015年5月	日本人が「イスラム国」の人質になる。イラクのラマディとシリアのパルミラが「イスラム国」に支配される。

写真：AFP＝時事

世界遺産都市パルミラから持ち出された彫像を破壊する「イスラム国」の兵士。

「イスラム国」におそわれたモスル。

写真：AFP＝時事

2 各国は「イスラム国」にどう対応しているの？

各国が「イスラム国」と戦う

「イスラム国」に領土の一部をうばわれているイラクとシリアの政府は、「イスラム国」と戦い、その勢力をおとろえさせようとしています。また、「イスラム国」は、世界の平和にとっても危険であるとして、アメリカを始めとする国々が、「イスラム国」と戦うという意思を示しています。

しかし、「イスラム国」が支配する地域には、民族や宗教の対立などの問題もあり、「イスラム国」に対抗する国や勢力がみんな協力しているわけではありません。

また、この地域には、**クルド人**という民族が暮らしています。クルド人は、トルコ、イラン、イラク、シリアなどにまたがって暮らし、自分たちだけの国を持たない民族です。その数は、2500万～3000万人と言われています。かれらは、独立をめざす動きをすることから、それぞれの国の政府から弾圧を受けることもしばしばです。

クルド人にとって、「イスラム国」は、自分たちの暮らす地域をおびやかす存在であるため、両者は激しく戦っています。

いっぽう、アメリカは、2014年にオバマ大統領が、「イスラム国」をかいめつさせると発表し、イラク領内とシリア領内で、空からの攻撃（空爆）を始めました。空爆には、フランスや

イギリスなどのヨーロッパ諸国、ヨルダンやサウジアラビアなど、中東の国々も加わっています。さらに、ロシアも攻撃を始めました。しかし、「イスラム国」をかいめつさせるまでにはいたっていません。

それは、「イスラム国」の考えに賛成して集まってくる若者が多いことや、イラク、シリア国内で、いろいろな組織が対立しているためです。

立場や利害のちがいが複雑

イラク政府軍は、アメリカから武器を受け取っているため、戦力はありますが、「イスラム国」を徹底的にやっつけようとする意思が低いため、「イスラム国」にダメージをあたえることができません。

クルド人の軍隊は、アメリカとの関係が深く、イラク北部から「イスラム国」勢力を追い出すなどの成果を上げています。フランスやドイツは、クルド人に武器をわたして支援しています。

イラクには、これらとは別に、イスラム教のシーア派という宗派に属する人々による勢力もあります。シーア派は、イスラム教全体から見ると少数で、シーア派の国民が多いのは、イラクとイランなどです。

イラクのシーア派組織は、スンニ派の「イスラム国」と戦っていますが、イラク政府とは別で、イランに支援されています。

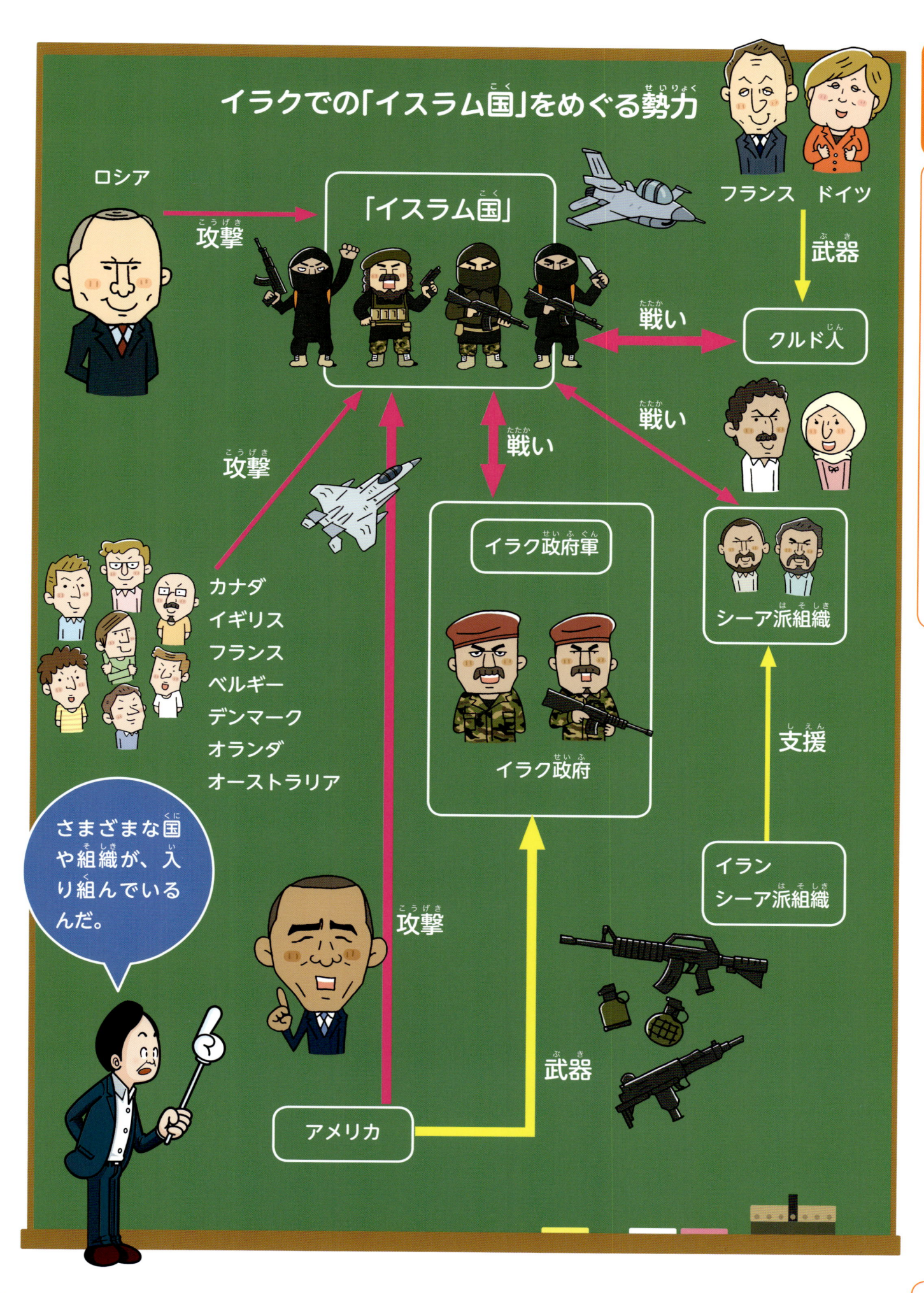

シリアをめぐる各国間のかけひき

シリアの勢力はさらに複雑です。シリアでは、1971年に、**ハーフィズ・アル＝アサド**が大統領になって、独裁的な政治を続けてきました。さらに、その息子のバッシャールが政権を引きつぎ、長年にわたって、アサド政権が国を支配してきました。独裁的なシリア政府と、政府をたおそうとする組織との間で、2011年から内戦が続いてきているのです。

アメリカやヨーロッパ諸国と、ヨルダンやサウジアラビアなどのイスラム教の国々の多くは、アサド政権と対立し、アサド大統領がやめることを要求しています。ところが、ロシアやイランは、アサド政権を支持することをはっきりさせています。

シリア国内では、シリア政府軍、反政府軍、「イスラム国」の3つの勢力が対立し、政府に味方する国とそうでない国があるという状態になっているのです。

アメリカがシリア領内で「イスラム国」に空爆をすることについても、シリア政府は、「シリアの領内で許可なく空爆をするのは、シリアの主権をおびやかすことになる」と反発していますが、アメリカはアサド政権を批判してきたこともあり、「空爆について、アサド政権と調整することはない」と言っています。つまり、シリア政府とは話し合いはせず、勝手に「イスラム国」を攻撃するぞということです。

このような情勢であるため、「イスラム国」をかいめつさせるのは、そう簡単にはいかないと見られています。

日本も「イスラム国」を批判

このような中、日本は、アメリカなどと歩調を合わせ、「イスラム国」を批判しています。しかし、日本は、憲法で、国外で武力を使うことはできないと定められているので、空爆などに参加することはありません。

2015年1月に日本の安倍首相は、エジプト、ヨルダン、イスラエルなどを訪れました。エジプトでは、「『イスラム国』と戦う周辺各国に2億ドルを支援する」と発言しました。

この後、以前から「イスラム国」にとらえられていた日本人2人を人質に、「イスラム国」から日本政府に対して、「身代金2億ドルをはらわなければ、人質を殺害する」という予告がもたらされました。

身代金の金額が、安倍首相が支援するとした2億ドルと同じだったため、「イスラム国」が、安倍首相の発言に反発し、日本政府をおどしてきたものと考えられました。

この事件では、結局、日本人2人は「イスラム国」に殺害されてしまいました。人質を助けられなかった日本政府に対して、批判も起こりましたが、人質の解放のために相手の要求を受け入れるのは、相手の思うつぼです。

このように、「イスラム国」は、日本にとっても決してひとごとではありません。国際社会の一員として、適切な対応をしていくことが求められています。

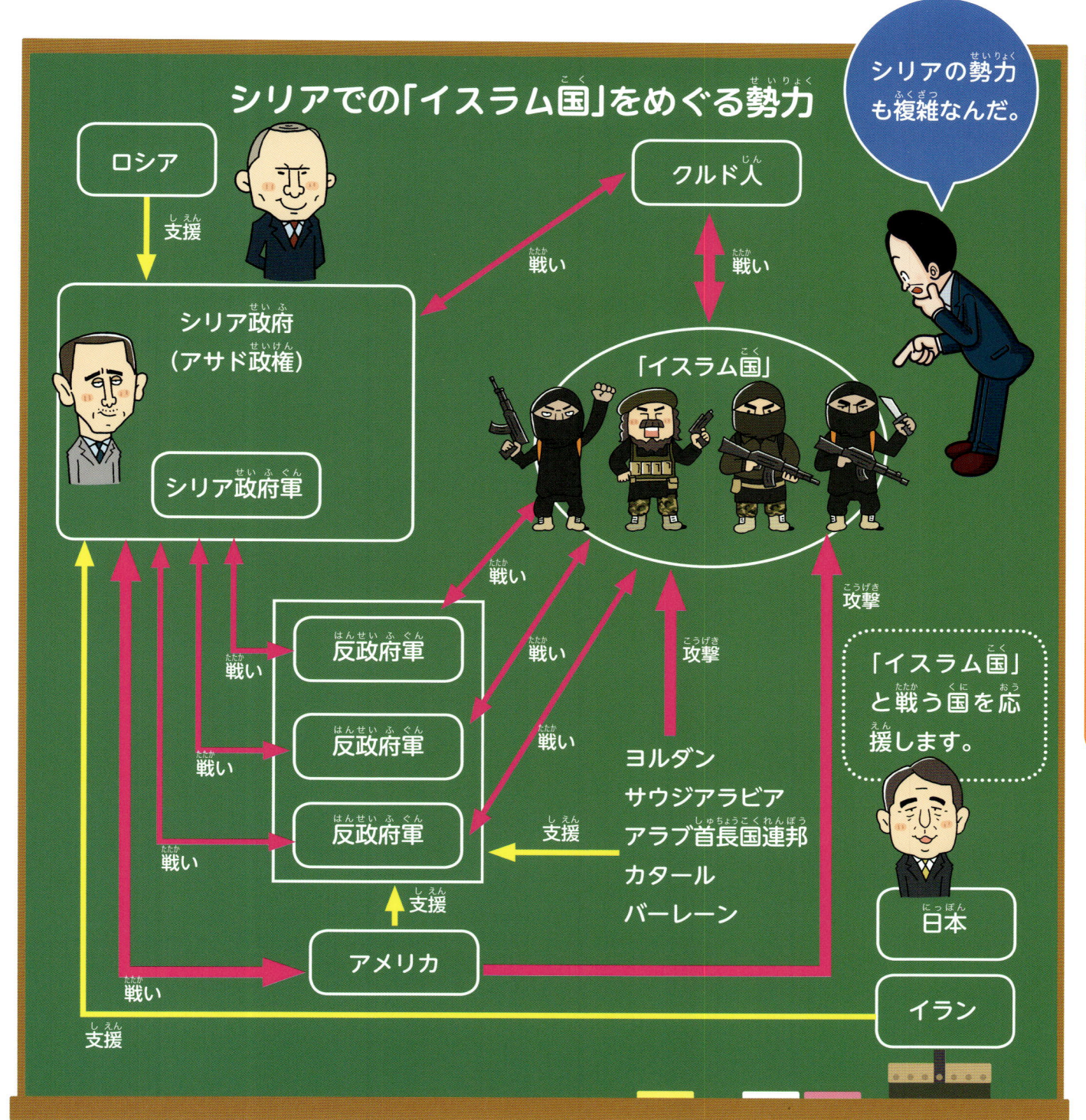

シリアでの「イスラム国」をめぐる勢力

シリアの勢力も複雑なんだ。

ロシア

支援

シリア政府
（アサド政権）

シリア政府軍

クルド人

戦い

戦い

「イスラム国」

戦い

戦い

攻撃

反政府軍

戦い

反政府軍

戦い

反政府軍

戦い

戦い

戦い

攻撃

攻撃

「イスラム国」と戦う国を応援します。

ヨルダン
サウジアラビア
アラブ首長国連邦
カタール
バーレーン

支援

日本

支援

アメリカ

戦い

支援

イラン

人質にとられた日本人

2015年1月に、日本の安倍首相が、「イスラム国」と戦う国を援助すると言った直後に、インターネットで、「2億ドルをはらわないと、日本人の人質を殺す」という宣言がされました。

日本政府は、人質を解放するよう求めましたが、「イスラム国」は聞き入れず、人質が犠牲になりました。

写真：EPA＝時事

安倍首相とエジプトのエルシーシ大統領（右）との会談。安倍首相は、「イスラム国」と戦う国を支援すると発言した。

3 「イスラム国」はこれからどうなるの？

勢力拡大をねらう「イスラム国」

イスラム社会を統一することを目的とする「イスラム国」は、これからも、勢力拡大をねらうでしょう。

石油を売って得た豊富な資金をもとに武器をそろえ、世界各国から兵士を集めています。「イスラム国」に参加する若者は、「イスラム国」がいう理想的なイスラム社会を築きたいと思っているほか、自分のいる社会に不満があるなどの理由で参加している人もいます。今後も、このような若者が「イスラム国」に参加すると考えられます。かれらは、「イスラム国」で、過激な考えを植えつけられ、戦闘の訓練を受けて自国に帰り、テロなどを行うことも考えられます。「イスラム国」を空爆したフランスでは、2015年11月に大規模なテロが起こっています。「イスラム国」の敵だと見なされた国では、テロが起こるおそれがあるのです。

いっぽう、実際に「イスラム国」に参加したものの、その実態が考えていたものとちがい、失望する若者もいるようです。しかし、いったん「イスラム国」に入ってしまうと、ぬけるのは簡単ではありません。

始まった地上戦

「イスラム国」は、今後、化学兵器などの大量破壊兵器を手に入れて、さらに攻撃力を増すおそれもあると指摘されています。そうなれば、「イスラム国」の力はさらに強いものとなり、世界の平和がおびやかされかねません。そうならないよう、国際社会が取り組みを始めています。

前にもふれたように、アメリカなどの国々が空爆を始めています。空爆は、2014年8月にイラクで、同年9月にシリアで始まりました。空爆によって、「イスラム国」の軍事施設や資金源である石油施設などを破壊しています。2015年6月には、空爆によって「イスラム国」の幹部を死亡させてもいます。

しかし、「イスラム国」の勢力範囲には民間人もたくさんいます。誤って民間人に被害をおよぼしてしまわないように、空爆は慎重に行われています。そのため、それほど多くは行われておらず、「イスラム国」をたおすことはできていません。今後も空爆だけでは、「イスラム国」をたおすことは難しいと思われます。

「イスラム国」をたおすには、地上戦も必要です。これまで地上戦は、イラクやシリアの政府軍、クルド人の軍などが行ってきました。クルド人の軍は、自分たちの自治地域に入りこんできた「イスラム国」を撃退するという強い意思をもって戦い、アメリカとも協力して、「イスラム国」にうばわれた地域をうばい返すといった成果も上げています。

「イスラム国」との戦い

2014年に、シリア領内で「イスラム国」が支配する地域に、アメリカなどが空爆を始めました。空爆は、「イスラム国」の軍事施設や武器の倉庫などをねらっていますが、一般市民にも被害が起こっていると言われています。

2015年には、ロシアも、「イスラム国」への空爆をしています。

イラクやクルド人は、地上でも「イスラム国」と戦っています。

爆弾が落とされたために燃え上がる街。

写真：AA/時事通信フォト

イラク政府やクルド人は、「イスラム国」との戦いを続けているよ。

「イスラム国」への攻撃に向かうイラク政府軍。

写真：AFP＝時事

フランスをねらった同時テロ

2015年11月13日、フランスのパリの劇場や飲食店、サン＝ドニのスタジアムなどで、ほぼ同時に爆弾テロがあり、130人以上が亡くなるという事件が起こりました。この犯行は、「イスラム国」が、フランスの空爆に対して行ったものでした。

この事件を受けてフランス政府は、テロと戦うことを宣言し、「イスラム国」への攻撃を強化しています。

パリで起こったテロの現場の警察官。

写真：EPA＝時事

3 「イスラム国」は これからどうなるの？

うらみがうらみを呼ぶ

2015年2月に、アメリカのオバマ大統領は、「イスラム国」に少数の軍隊を投入することを議会に認めるよう決議案を出しました。オバマ大統領はこれを、イラク戦争のように、長期間にわたる大規模なものではないとして、期間を3年間としています。

地上戦が大規模で長期間になれば、多くの費用がかかります。また、オバマ大統領は、これまで、イラクからの兵士の引き上げを進める政策をとってきたため、その方針と逆の政策をとることにためらいがあると考えられます。しかし、空爆だけで「イスラム国」をたおすのは難しいという考えから、この方針を決めたようです。

前にもふれたように、「イスラム国」に対する勢力にもそれぞれの立場や利害のちがいがあり、一致して「イスラム国」に立ち向かうことにはなっていません。

シリアでは、政府軍が「イスラム国」と戦い、アメリカなどが「イスラム国」に空爆をしていますが、政府軍とアメリカは、仲がよくありません。さらに反政府軍もいくつかあり、複雑です。

このような状況はすぐに変わりそうもありません。しばらくは「イスラム国」は、この地域を支配することになるでしょう。また、いつか仮に「イスラム国」をかいめつできたとしても、それをうらむ勢力がまた新しく現れるかもしれません。うらみはまたうらみを呼び、いつまでも終わることのない争いが続いてしまうことになるのです。

根本的な解決をめざす

「イスラム国」のような、国際社会に反する勢力と、それらが現れる背景は、花と土にたとえることができます。

過激な勢力が〝花〟だとすると、それを生み出したものは、宗教や民族のちがい、政府に対する不満などであり、花を育てた〝土〟に当たるでしょう。

過激な勢力を武力によってなくすことは、花をからす薬品をかけるようなものです。一時的に花はかれますが、土が変わらない限り、また花はさきます。花をさかせないためには、土を変えなければならないのです。ちがう宗教の人や民族がたがいに理解し合い、認め合うことこそ、問題を最終的に解決することになるでしょう。しかし、それはたいへん難しいことです。

なぜ問題が起こっているのかを正しく理解することが、その問題を解決する方法を見出す第一歩です。その上で、自分にできることは何かを考えていきたいものです。

もう1つ気をつけたいことがあります。

「イスラム国」のような勢力が現れると、「イスラム教の教えはおかしい」とか、「イスラム教を信じる人は過激な考え方をする」とかいった見方をしてしまうことがあります。しかし、イスラム教は決して戦いをあおるような教えではありません。また、大部分のイスラム教信者は、教えを守り、平和的に暮らしています。

極端な部分だけ見て、誤った考えを持たないようにしたいものです。

「イスラム国」をめぐる各国の考え

「イスラム国」を認めている国は1つもありません。どの国も敵と思っています。しかし、各国にもさまざまな立場や利害のちがいがあるため、協力して「イスラム国」を攻撃することにはならないでしょう。

4 イスラム圏ではどんな争いがあったの？

中東やイスラム圏の歩みを知る

イスラム教を信じる人々が多い地域を、イスラム圏ということがあります。イスラム圏にふくまれるのは、西アジアの中東と呼ばれる地域のほか、アフリカ北部や中央アジア、東南アジアの一部などもふくみます。

「イスラム国」をめぐる紛争や、アメリカやロシア、ヨーロッパ諸国などの対応を理解するためには、イスラム圏や中東の歴史を知ることが大切です。各地で起こった争いの結果として「イスラム国」があるからです。

世界をゆるがせた「9.11」

現在のイスラム圏の情勢を決めるもととなったできごとの1つに、2001年にアメリカで起こった同時多発テロが挙げられます。

この年の9月11日、アメリカ国内の空港を飛び立った飛行機4機が乗っ取られ、ニューヨークの世界貿易センタービルや国防総省という軍隊の司令部につっこみました。アメリカの象徴ともいうべき場所が攻撃されたことは、大きなショックでした。この日は、**「9.11」**として、アメリカだけでなく、世界の人々の記憶に長くとどまることになりました。

数日後、アメリカはこの事件は、オサマ・ビンラディンが率いる**イスラム原理主義**者の組織、**アル・カイダ**が引き起こしたものと発表しました。

イスラム原理主義というのは、イスラム教ができたころの暮らしぶりを復活させ、イスラム教に基づく決まりを厳しく守っていこうとする考え方です。

アル・カイダから見ると、アメリカは、イスラム教の国々と対立しているイスラエルと仲がよいことから、イスラム教の国々を攻撃していると考え、敵と見なしたのです。

アメリカがアフガニスタンを攻撃

アメリカは、当時アフガニスタンにあった**タリバン**という政府がビンラディンをかくまっているとして、ビンラディンを引きわたすようにと言いましたが、タリバンはこれを拒否しました。アメリカは、アフガニスタンに攻め入って、たちまちタリバン政権をたおしました。

アフガニスタンでは、新しい政府ができました。また、アフガニスタンの復興のために、日本をふくむ多くの国々が援助をしました。しかし、戦争などのために国土があれてしまったことや、その後タリバンが再び活発に活動するなど、まだまだ不安定な情勢です。

ビンラディンは、2011年にアフガニスタンのとなりのパキスタンにいるところを、アメリカ軍におそわれ、射殺されました。

アメリカをおどろかせた「9.11」

2001年9月11日、アメリカで、複数の場所がほぼ同時に攻撃される事件が起こりました。

世界一の軍事大国であるアメリカは、歴史上も、本土を攻撃されたことはほとんどないだけに、アメリカ国民はもちろん、世界の人々に、大きなショックをあたえました。

黒いけむりを上げるニューヨークの世界貿易センタービル。

写真：EPA＝時事

そのころ、アフガニスタンでは、タリバンという政府がありました。

2011年の同時多発テロは、タリバンと仲のよい、アル・カイダが起こしたものでした。

アメリカは、イスラエルと仲がいい。イスラム教の国の敵だ！

アメリカを攻撃してやれ！

わあ、不意打ちとはひきょうだ。

タリバン　　アル・カイダ　　アメリカ

アメリカは、タリバンに、アル・カイダを率いるビンラディンを引きわたすように言いましたが、タリバンが断ったため、アメリカはアフガニスタンに攻め入り、タリバンをたおしました。

やられた！

アフガニスタンを攻撃だ！

タリバン　　アル・カイダ　　アメリカ

4 イスラム圏ではどんな争いがあったの？

中東の火種となったイラク

中東の国、イラクは、1970年代から、**サダム・フセイン大統領**が独裁的に支配していました。1980年には、となりのイランとの間で戦争を起こしました。イラクは、イランで革命が起こって混乱していることにつけこんで、領土や油田を手に入れようとしたのです。

この戦争は、8年も続き、たくさんの犠牲者を出しました。このころ、アメリカは、イランと仲が悪かったため、イラクを支え、武器をわたしたりしていました。

1990年、イランとの戦争が終わったばかりのイラクは、今度は南のクウェートに攻めこみました。クウェートをイラクの領土に組み入れ、ようとしたのです。

一方的に他国に攻めこんだイラクに対して、国際連合（国連）は、武力を使ってイラクをクウェートから追い出してよいと決め、アメリカなど約30か国からなる多国籍軍がイラクを攻めました。これが、**湾岸戦争**です。多国籍軍は、たちまちイラク軍をクウェートから追い出し、2か月ほどで湾岸戦争は終わりました。

フセイン政権がたおれる

湾岸戦争の後も、フセイン大統領はやめることなく、そのまま大統領を続けていました。アメリカなどは、イラクがたくさんの人を殺す武器、大量破壊兵器を持っているのではないかという疑いをかけました。

そこで、イラクに対して、本当に大量破壊兵器を持っていないかを調べる国連の調査に協力するように言いました。イラクは、初めのうちはこれに従っていましたが、だんだん調査に協力しなくなりました。

2003年3月、アメリカとイギリスは、イラクが大量破壊兵器をかくし持っているという疑いをかけ、イラクへの攻撃を始めました。はっきりした証拠がないのに攻めるのはよくないと、反対する国もありましたが、アメリカとイギリスは、強行しました。これが**イラク戦争**です。

アメリカ・イギリス軍は、あっという間にイラクの首都バグダッドを占領し、フセイン政権はたおれました。フセインは、2003年の暮れにとらえられ、裁判にかけられた末、2006年に死刑になりました。しかし、結局、大量破壊兵器は見つかりませんでした。

フセイン政権がたおれた後、イラクは、アメリカとイギリスが支配し、その後、臨時のイラク政府ができました。憲法も新しく定められ、正式な議会と政府をつくるための選挙も行われました。国内でのテロが続いてはいましたが、しだいに少なくなり、2011年末には、アメリカ軍はイラクから引き上げました。

ところが、2010年末から、中東の国々で、独裁的な政府をたおす動きが起こりました。その動きが、シリアで内戦を引き起こし、「イスラム国」が勢力をのばすことになったのです。「イスラム国」は、一時はアル・カイダに参加していたことがあります。イスラム圏の争いは、このようにつながっているのです。

イラクをめぐるできごと

イラクでは、長い間、サダム・フセインが大統領として国を支配し、他国と戦争を起こすこともありました。2003年、アメリカやイギリスは、イラクに攻めこみ、フセイン政権をたおしました。

領土を広げたい！

失敗
1980～1988年
戦争

イラク

1990年
攻撃

イラン

失敗

クウェート

大量破壊兵器を持っているだろう！

2003年
戦争

アメリカ　イギリス

やられた！

イラク

イラクはわれわれが支配する。

アメリカ　イギリス　イラク国民

しかし、結局、大量破壊兵器は見つからなかった！

第1章 のまとめ

　シリアやイラクに勢力をのばしている「イスラム国」は、イスラム社会をまとめて、さらに支配する地域を拡大しようとしています。国内に「イスラム国」がいるシリアなどはもちろん、各国は、「イスラム国」を認めず、攻撃する国もあります。

　しかし、「イスラム国」と戦う国どうしも、さまざまな立場のちがいから、ひとつにまとまっているわけではありません。今後、「イスラム国」がたおされるかどうかはまだわかりません。

　アフガニスタンやイラクでは、アメリカとの対立から戦争が起こったこともあります。こうした歴史は、現在の「イスラム国」とも関連しています。

　イスラム圏の紛争は、さまざまなできごとが複雑に関係しています。

2010年から2012年にかけて、中東のいくつもの国で、独裁政権をたおそうとする国民の動きが高まりました。その動きを追ってみましょう。

1 「アラブの春」では何が起こったの？

民主的な政治をめざす動き

アラビア語を話す人が多い地域を、**アラブ**と言います。サウジアラビアなど、アラビア半島の国々やアフリカ北部の国々がアラブです。イランやトルコは、近い場所にありますが、それぞれペルシャ語、トルコ語を話すので、アラブにはふくまれません。

アラブには、大統領などが国民をおさえ、自由な考えを言わせないようにする国が多かったのですが、2010年12月、チュニジアで、独裁政権をたおす動きが起こりました。これをきっかけに、2012年までに、中東やアフリカ北部の国々に同じような運動が広がりました。これを「アラブの春」と呼びます。独裁政権におさえつけられていた人々が立ち上がり、春が来たように、自由や民主的な政治を手に入れたことからこう呼ばれているのです。

チュニジアとエジプトの民主化

チュニジアは、1987年に大統領になったベン・アリが20年以上も国を治めていました。同じ政権が長く続くうちに、わいろをわたさないと役人が何もしないなど、よくない政治が進んでいました。また、若者の失業率が高いことや物価が上がったことなど、国民の不満がつのっていました。2010年12月、失業中の青年が路上販売をしていたところ、警察にとりしまりを受けたことに抗議して、自殺を図りました。そのようすがフェイスブックにのり、各地で政府に抗議するデモが起こりました。人々は、ツイッターやフェイスブックなどのSNS（ソーシャル・ネットワーキング・サービス）や衛星放送などを利用して情報を共有し、協力しました。そして、わずか1か月で、政権をたおしました。ベン・アリ大統領は、サウジアラビアににげ出し、民主的な政権が誕生しました。この政変は、チュニジアを代表する花の名前から、ジャスミン革命と呼ばれています。

チュニジアでの民主化の成功は、アラブのほかの国にも広がりました。

2011年1月、**エジプト**では、大規模な反政府デモが起こり、約30年続いたムバラク政権がたおれました。その後、2012年6月にムルシー政権ができましたが、またもや反政府デモが起こり、2013年に軍によるクーデターでムルシー政権がたおれました。2014年に新しくエルシーシ大統領が就任しましたが、不安定な状態が続いています。

「アラブの春」ということばを聞いたことがあるかな？

聞いたことはあるけど、よくわからない。

"春"のようないい時代が来たという意味で使われているよ。

どんなことがあったの？

独裁的な政権をたおして、民主化が進んだんだ。

それはよかったね。

お兄ちゃんにも、早く春が来るといいな。

政府に対して民主化を求めるデモをするチュニジアの人々（2010年）。

写真：AFP＝時事

反政府のデモに参加しよう！

参加する。

おれも！

おれも！

1 「アラブの春」では何が起こったの？

リビアの長期政権がたおれる

北アフリカの**リビア**は、1969年に起こったクーデタ以来、**カダフィ**による独裁政権が続いていました。リビアは、1990年代までは、テロを手助けすることも多く、アメリカからは、「ならずもの国家」として非難されていました。

2011年2月、リビア国内で、大規模な反政府デモが起こりました。カダフィは、これを武力でおさえこもうとしたため内戦となり、多くの犠牲者が出ました。国際連合（国連）は、カダフィを非難し、アメリカ、イギリス、フランスを中心とする国が、反政府勢力の支援に回りました。その支援を受けた反政府派は、首都をおさえ、カダフィ政権をたおしました。カダフィは、10月に射殺されました。

カダフィ政権がたおれた後のリビアは、全土をまとめる政府はできないままで、各地で戦いが続いています。無政府状態と言ってもよい状況で、「イスラム国」と結びつく勢力もあり、そのような勢力が支配する地域もあります。また、大勢の難民が発生し、地中海をこえて、イタリアにわたっているほか、途中で船がしずみ、多くの死亡者も出ています。

内戦状態になったイエメン

アラビア半島の**イエメン**では、あいつぐ反政府デモにより、2011年12月に、政権がたおれました。しかし、イスラム教のスンニ派とシーア派の対立などが起こり、国内は内戦状態になってしまいました。

このほか、バーレーン、オマーン、クウェート、ヨルダン、モロッコ、アルジェリアなどでも反政府デモが起こり、一部では改革も行われました。

武力を持つ組織が勢力をのばす

「アラブの春」では、SNSや衛星放送などの新しいメディアを使って、若者たちがネットワークをつくったことが特徴でした。情報をすばやく伝えることができたおかげで、若者の間につながりができ、民主化をめざす動きが国境をこえて、またたく間に広がったのです。

しかし、インターネットを通じてのつながりだけではその後の政治を動かしていく組織にはなりません。政権をたおすことはできても、その後は内戦や無政府状態が続いている例があるのはそのためです。

そのような状態で、人々をまとめていったのは、武力を持つ組織でした。アラブの国の多くは、同じ国の中でも民族や宗教・宗派の対立が見られます。また、さまざまな部族が同じ国の中にいるため、国や国民としてのまとまりが弱い場合が多いのです。

これは、19〜20世紀に、この地域がイギリスやフランスなどの植民地であり、現在の国境は、この地域を支配していた国の都合で決められているからです。

政府がたおれたり、力が弱くなったりすると、武力を持つ組織が勢力をのばす方向に向かいやすいのです。

リビアでの動き

デモは許さん！

もうだめだ。にげろ！

助けるぞ。

政府をたおせ！

フランス

イギリス

アメリカ

アフリカ北部のリビアは、カダフィが支配する国でした。しかし、国民の間に、カダフィのやり方に不満を持つ人々が増え、2011年に反政府デモが起こりました。

カダフィはこれをおさえ切れず、アメリカなどの支援を受けた反政府勢力によって、政権を追われることになりました。

イエメンが内戦に

アラビア半島のイエメンでも、2011年に反政府デモが起こり、民主化をめざしましたが、国内は内戦状態になりました。

2015年の時点では、3つの勢力がおたがいに争っています。

イエメン政府に反対する勢力の兵士。

写真：EPA＝時事

カダフィの独裁

40年以上もリビアを支配したカダフィは、自分の思い通りに政治を行っていたと言われています。

リビアは、石油がたくさんとれますが、その利益を自分や親族でひとりじめにし、たいへんぜいたくな暮らしをしていたとか、ばく大なかくし財産があったとか言われています。

反対する人々を、強くおさえつけていたとも言われています。

2 中東には どんな紛争があるの？

いくつもの勢力が争うシリア

中東には、さまざまな紛争があります。民族や宗教、資源をめぐる紛争など、原因はいろいろです。また、国どうしの紛争、政府と反政府組織との紛争など、その形態もさまざまです。

多くの国に関係するのは、アラブの国々とイスラエルとの紛争ですが、これは第3章でくわしく説明します。

2013年以降は、第1章でふれた「イスラム国」をめぐる紛争が注目されるようになりました。それにも関係するのが、シリアの内戦です。

シリアは、トルコの南、イラクの西にある国です。20世紀前半には、フランスの植民地でしたが、第二次世界大戦後に独立しました。

1970年に、ハーフィズ・アル＝アサドが実権をにぎり、翌年大統領になりました。それ以来、独裁的な政治が行われていました。

2000年に、ハーフィズ・アル＝アサドが亡くなると、次男のバッシャール・アル＝アサドが大統領になりました。

2010年末にチュニジアから「アラブの春」が始まると、2011年3月に、シリアでも、政府のやり方に抗議する市民デモが起こりました。この時点では、アサド政権をたおそうとするものではなく、政治や経済のしくみを変えることを要求するものでした。

これに対してアサド大統領は、政治の改革を行いましたが、いっぽうで、軍隊によって市民デモをおさえました。そのため、国内で、アサド政権をたおそうとする声が高まりました。

反政府の組織はいくつもありますが、それらがまとまっているわけではありません。反政府勢力の中で最大のものは「イスラム国」ですが、かれらは、自分たちの勢力を広げようと、ほかの反政府組織を攻撃しています。

シリア国内では、政府軍と「イスラム国」、いくつもの反政府組織が争っています。

多数の難民が生まれている

さらに、問題を複雑にしているのが、それぞれの勢力が、国外の勢力から支援を受けていることです。

アサド政権は、アメリカやヨーロッパの国々、サウジアラビア、トルコなどから政権を手放すよう要求されています。しかし、ロシアや中国、イランは、アサド政権を支持し、武器などを送っています。他国の利害がからむことで、シリアの内戦は、すでに内戦とは言えない状況になり、結着がつきにくい状態になっています。

長い紛争で、20万人以上の死者が出ていると言われています。また、2014年までに全人口の半分ほどが住むところをなくしています。たくさんの難民が生まれることになったのです。

シリアでの動き

シリアでは、ハーフィズ・アル＝アサドから息子のバッシャール・アル＝アサドに大統領が引きつがれ、独裁が続いています。国内では、「イスラム国」など、政府に反対する勢力も多く、内戦が続き、多くの難民が出ています。

助けますよ。

ロシア

独裁政治だ。

ハーフィズ・アル＝アサド

独裁は続く。

バッシャール・アル＝アサド

独裁を
やめろ！

アメリカ

政治のしくみ
を変えろ！

政治のしくみ
を変えろ！

反政府勢力

勢力を
広げるぞ。

「イスラム国」

内戦が始まった。
にげよう。

難民になる。

シリアの内戦で発生した難民たち。

写真：AFP＝時事

自分たちの
国を持たないクルド人

中東での紛争の1つに、**クルド人**という民族の問題があります。クルド人とは、1つの民族の名前です。イラン、イラク、トルコ、シリアにまたがる約40万km^{2}におよぶ、クルディスタンという地域に暮らしています。かれらはクルド語を話し、大半はイスラム教スンニ派を信仰しています。

その数は、約2500万〜3000万人と言われていますが、自分たちの国はありません。クルド人が各国に分かれてしまったのは、20世紀初めに起こった第一次世界大戦の後で、かれらの暮らす地域が、いくつかの国に分かれてしまったからです。

クルド人は、それぞれの国で、少数民族としてあつかわれています。各国で、独立や自治をめざす運動を続けてきましたが、その国の政府からおさえつけられてきました。

イラク領内で戦うクルド人

クルド人が最も多く暮らしているトルコでは、南東部にクルド人が多く住んでいます。かれらは、トルコからの独立を求めましたが、トルコ政府はこれを認めず、武力でおさえつけてきました。そのため、長い間争いが続いています。

イラク領内では、北部のクルド人が住む地域は、クルド人自治区（独立まではいかないが、自分たちで政治を行うことができる地区）になっていますが、フセイン大統領の時代は、弾圧

を受けていました。2003年にイラク戦争でフセイン政権がたおれてからは、ほぼ独立したようになっています。経済状態もよく、イラクのほかの地域に比べても近代化が進んでいます。

独自の軍事力を持ち、クルド人兵士たちの組織はペシュメルガ（クルド語で、「死に立ち向かう者」）と呼ばれています。

2014年6月以来、「イスラム国」が、その勢力をのばし、シリアやイラクのクルド人居住地域に攻めこんだことから、クルド人と「イスラム国」の争いが起こっています。

クルド人は、アメリカやヨーロッパ諸国の支援も受けながら、「イスラム国」との戦いを続け、イラク北部では、「イスラム国」をかなり追い返しています。

クルド人たちは、自分たちの住む土地がおびやかされていることもあって、「イスラム国」に対しても勇かんに戦います。アメリカなどとの関係が深く、うまく協力しています。

独立に向かう動きが…

今後、「イスラム国」問題がしずまれば、イラク北部で、クルド人たちがイラクからの正式な独立をめざす動きがさらに活発になると考えられます。

「イスラム国」と戦うクルド人の要求を、アメリカやヨーロッパの国々が認めれば、独立も現実的になってきます。

しかし、トルコなどにとって、クルド人の独立は、領土を失うことになるので、強く反対することは明らかです。

クルド人はどこに住んでいるの？

クルド人は、第一次世界大戦の後に、住んでいる地域がいくつかの国に分かれてしまい、自分たちの国を持てないままになっています。

トルコ、イラクなど、それぞれの国から独立をめざす動きもあります。

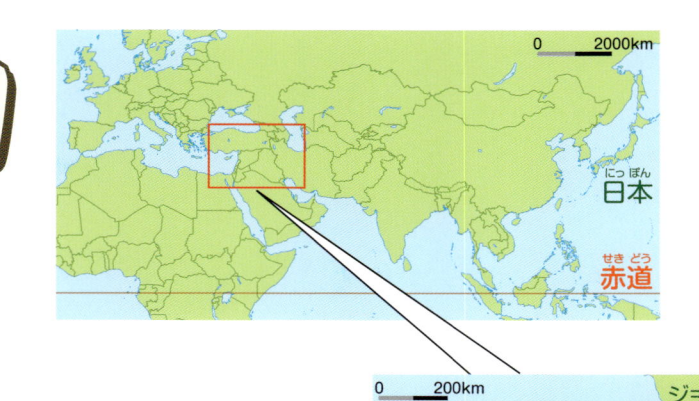

写真：Sadik Gulec / Shutterstock.com

クルド人の兵士。クルド人兵士には女性も多い。

クルド人は、ほとんどが、イスラム教を信じている人々だよ。

イラクには、クルド人自治区があり、ほとんど独立に近い状態にあります。自分たちの政府や軍隊もあり、経済的にも、イラクのほかの地域より発展しています。

クルド人自治区の中心都市であるアルビルには、ショッピング・モールなどもあり、活気があります。

写真：padchas / Shutterstock.com

イラク国内にあるクルド人自治区の中心都市、アルビルの街。

3 マララさんはどうしてノーベル平和賞を受賞したの？

パキスタンの「勇気ある少女」

2014年、パキスタン出身の17歳（当時）の少女、**マララ・ユスフザイ**さんが、**ノーベル平和賞**を受賞しました。

ノーベル賞は、科学や文学などの分野で「人類のために最大の貢献をした人々」におくられるもので、世界で最も権威のある賞と見なされています。

マララさんは、1997年、パキスタンで生まれました。パキスタンは、正式な国名を、パキスタン・イスラム共和国といい、国民の大部分はイスラム教を信じる人々です。

2001年にアメリカで同時多発テロが起こったころ、パキスタンには、アフガニスタンで政権を持っていたタリバンと同じような考えを持つ人々がいました。タリバンの考えとは、イスラム教の教えを厳しく守るものです。そうした人々が武器を持つようになり、政府に対してテロを行うようになりました。

2007年には、そうした人々が、パキスタン・タリバン運動（TTP）という組織をつくりました。イスラム教の教えを厳しく守る政府をつくることを目的とし、そのためには、テロも行います。TTPは、間もなくマララさんが住む地域を支配するようになりました。かれらは、「女子が教育を受けるのは、イスラム教の教えに反している」と主張しました。そして、学校をこわして女子が教育を受けられないようにし、さらに、女子に教育を受けさせようとする者を殺すようになりました。

2009年、11歳のマララさんは、イギリスの放送局のホームページに、女子が教育を受けられないという状況を書きました。もし知られたら、命の危険もある勇気ある行動でした。

同じ年、パキスタン政府は、マララさんの住んでいる地域からTTPを追い出し、マララさんを「勇気ある少女」として表彰しました。

マララさんは、女性の権利などについて発言をし続けました。しかし、これがTTPをおこらせることになりました。

銃撃を受けて重傷を負う

2012年、マララさんが中学校からの帰りに乗っていたスクールバスがおそわれました。マララさんは、頭と首に2発の銃弾を受けました。TTPは、まだ15歳の少女をおそったのです。マララさんは重傷でした。首都イスラマバードの病院から、イギリスの病院に移され、治療が続けられました。マララさんは、懸命の治療のおかげで、命を取りとめました。そして、このような目にあったにもかかわらず、引き続き女子教育の権利についての主張を続けたのです。

写真：EPA＝時事

マララさんはどんなことをしたの？

マララ・ユスフザイさんが生まれ育った地域では、女子が教育を受けることができなくなってしまいました。マララさんは、命をねらわれる心配のある中で、勇気を持ってこの状況をうったえました。そして、命をねらわれることになりました。しかし、それでも、マララさんの気持ちは変わりませんでした。これらの行動から、ノーベル平和賞をおくられることになったのです。

2007年、パキスタンに、パキスタン・タリバン運動（TTP）ができる。

女子は教育を受けてはいけない！

そんな！

マララさんはイギリスの放送局のホームページに、この状況を書きました。

この状況をうったえなければ…。

政府が、TTPを追い出した。

あなたは「勇気ある少女」です。

TTPにおそわれることになってしまった。

けしからん。

キャアァァァ

重傷を負ったが、命を取りとめた。

よかった。

このような目にあっても、女子教育の権利について、主張し続けている。

暴力には負けません。

3 マララさんはどうして ノーベル平和賞を受賞したの？

世界からの祝福を受ける

マララさんがノーベル賞をおくられた理由として、「子どもたちや若者たちへの抑圧、そしてすべての子どもたちへの教育の権利のために戦ってきたこと」が挙げられました。

まだ17歳でありながら、女子への教育の権利のために戦い続け、命をねらわれても、勇かんに活動してきたことが、ノーベル平和賞の精神と合っていたのです。

17歳という年齢は、それまでのすべての部門の受賞者の中でも、最年少でした。

マララさんのノーベル平和賞受賞の知らせに、世界がマララさんを祝福しました。

パキスタンの首相は、「マララさんがなしとげたことは比べるものがないほど偉大だ」と述べました。アメリカのオバマ大統領は、自らもノーベル平和賞を受賞していますが、マララさんに「人類の尊厳（とうとさ）のために奮闘（努力）するすべての人たちの勝利だ」という言葉をおくっています。日本の安倍首相も、「女性が教育を受ける権利を訴え続けたことは、世界中の人々に勇気をあたえた」と述べています。

受賞式での講演

2014年12月10日、ノルウェーのオスロで、ノーベル平和賞の授賞式が行われました。ノーベル賞の授賞式では、受賞者が講演をすることが通例となっています。マララさんも、講演を行いました。そして、「なぜ戦車をつくることは簡単で、学校を建てることは難しいのか」と

うったえました。武力による争いは絶えず、子どもたちの教育を受ける権利が損なわれている。子どもたちが教育を受ける環境を整え、教育に力を入れてほしいと、各国の政治家たちに求める内容でした。

オスロでは、授賞式に先立ち、マララさんがパキスタン・タリバン運動に銃撃されたときに着ていた、血染めの制服が公開されました。制服は、マララさんのうったえる、子どもが権利を手にすることの実現には、困難な道が広がっていることを表してもいますが、それにも負けず立ち向かっていく強い意志も感じられます。

子どもの権利を大切に

日本では、教育を受けられない子どもは、ほとんどいません。しかし、世界の各地では、望んでも教育を受けられない子どもが何千万人といます。そればかりか、小学生くらいの年齢で結婚させられる女子や、兵士として訓練される子どももたくさんいます。

マララさんの発言や行動は、こうした子どもたちのことを、あらためて思い起こさせることになりました。

子どもたちがじゅうぶんな教育を受けることは、当然の権利であると考えられますが、現実には、まだまだ達成されていません。

その実現には、国際的な協力や援助が欠かせません。また、発展途上国に学校を建てるなどの活動を行っている民間団体もあります。子どもたちが、よりよい教育を受けられるためにはどうしたらよいかを考えていきたいものです。

ノーベル賞授賞式でのマララさん

ノーベル平和賞の授賞式の講演で、マララさんは、子どもがじゅうぶんな教育を受けられるようにと、世界の指導者にうったえました。

この賞は、私だけのものではありません。教育を望みながら忘れ去られたままの子どもたちのものです。平和を望みながら、おびえる子どもたちのものです。変化を求めながら、声を上げられない子どもたちへの賞なのです。今、私は彼らの権利のために、そして彼らの声を届けるために、ここに立っています。

私の村には、今も女子のための中学校がありません。私の願いであり、義務であり、挑戦、それは、私の友だちや姉妹たちが教育を受けることができ、そして夢を実現する機会を手に入れることができるようにすることなのです。
これは私にとっては出発点であり、立ち止まる場所ではありません。すべての子どもたちが学校にいるのを見届けるまで、私はたたかい続けます。

いわゆる大人の世界であれば理解されているのかもしれませんが、私たち子供にはわかりません。なぜ「強い」といわれる国々は、戦争を生み出す力がとてもあるのに、平和をもたらすことにかけては弱いのでしょうか。なぜ、銃をあたえることはとても簡単なのに、本をあたえることはとても難しいのでしょうか。なぜ戦車をつくることはとても簡単で、学校を建てることはとても難しいのでしょうか。

ノーベル平和賞の授賞式でのマララさん。

写真：AFP＝時事

ハフィントンポストHPより。

第2章 のまとめ

中東では、2010年ごろから独裁政権をたおして民主的な国をつくろうとする動きがありました。チュニジア、エジプト、リビアなどでは、このような動きから、政権がたおれました。
中東には、いくつも紛争があります。シリアでは、独裁政権が続き、それに反対する「イスラム国」などの勢力や、アメリカなどの国々とが結びつくなど、解決が難しい紛争が続いています。こうした紛争から、国外へにげる難民の数も増えています。
イスラム圏のパキスタンで、女性が教育を受ける権利をうったえ、反対勢力におそわれても意志を変えなかった少女、マララさんが、ノーベル平和賞を受賞しました。この知らせに、世界から喜びの声が届けられました。

中東では、これまでにさまざまな争いがありました。その原因の1つは、イスラエルとアラブの国々の間の対立でした。

1 中東にはどんな国があるのだろう？

「中東」とは、どんな意味？

昔、ヨーロッパから東を見たとき、ヨーロッパからどれだけはなれているかによって、「近東」、「中東」、「極東」と表しました。

ヨーロッパに最も近い地域が近東で、バルカン半島やトルコなどがふくまれます。次に遠いのが中東で、西南アジアや北アフリカをさします。さらに遠いのが極東で、私たちの日本をふくむ東アジアやシベリア東部などがふくまれます。

人類最古の文明がおこった地域

中東には、どんな国があるでしょう。

アフリカ大陸には、リビアやエジプトがあります。アジア大陸には、サウジアラビア、イエメン、ヨルダン、イスラエル、イラク、イランなどがあります。

中東の多くは、乾燥帯という気候の地域です。一年を通じて雨が少なく、砂漠などが多い地域です。 アフリカ大陸とアジア大陸をつなぐところにスエズ運河という人工の水路があります。スエズ運河は、アフリカ大陸の南端を回らなくても行ける、ヨーロッパとアジアを結ぶ水路です。たくさんの船が行き来する、船の交通では

たいへん重要な場所です。

中東は、人類の最も古い文明がおこった地域です。エジプト文明は、巨大なピラミッドを生みました。また、現在のイラクには、こよみなどをつくったメソポタミア文明がおこりました。これらの文明は、ギリシャやローマなどに受けつがれました。現在のヨーロッパやアメリカの文明の大もとは、中東にあると言えます。

また、中東は、原油がたくさんとれる場所でもあります。中東でほり出される原油は、毎日毎日、世界各地へ運ばれています。原油がとれる国は、その売り上げが国の貴重な財源になっています。世界の資源（エネルギーのもとになるもの）の点で見ても、中東は、とても大切な地域なのです。

アラブの国々とイスラエル

中東の多くの国は、アラブ人が暮らすアラブ国家です。しかし、中東の中でも、イスラエルはアラブ国家ではありません。イスラエル人の多くは、ユダヤ教という宗教を信じるユダヤ人です。

中東での紛争の多くは、イスラエルとその周辺のアラブ国家との間で起こっています。

このあたりが中東だ。

メソポタミア文明が栄えた。

メソポタミア文明で使われたくさび形文字。
写真：PIXTA

古代エジプト文明が栄えた。
ピラミッドなどがつくられた。 写真：PIXTA

ヨーロッパとアジアを結ぶスエズ運河がある。
写真：PIXTA

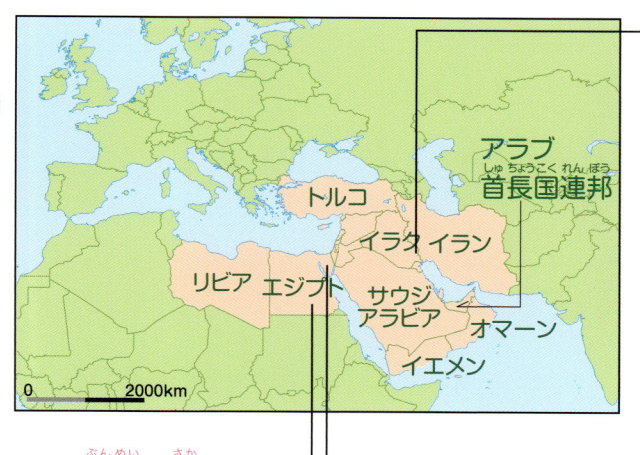

代表的なアラブ料理、ケバブ。　写真：PIXTA

シリアの首都ダマスカスの商店。
写真：Ozzy dkn / Shutterstock.com

自分の国を 持てなかったユダヤ人

イスラエルがある地域は、**パレスチナ**と呼ばれます。ユダヤ人は、今から約3000年前に、パレスチナに王国をつくって暮らしていました。しかし、その王国は、紀元前1世紀に、ローマ帝国にほろぼされてしまいます。ユダヤ人たちは、住み慣れた土地をはなれ、ヨーロッパの各地にちりぢりになってしまいました。それ以来2000年近く、ユダヤ人たちは、自分の国を持てませんでした。それでも、別の民族にとけこんでしまうことはありませんでした。

19世紀末に、ユダヤ人の間で、パレスチナ地域に自分たちの国をつくりたいという考えが強くなりました。しかし、そのころは、中東の広い地域を、**オスマン帝国**という大国が支配していました。

イギリスがした3つの約束

20世紀の初め、世界の多くの国を巻きこむ**第一次世界大戦**が始まりました。この戦争は、イギリス、フランス、ロシア側（後にアメリカも加わる）と、ドイツ、オーストリア側に分かれての戦争でしたが、オスマン帝国は、ドイツ側についていました。

イギリスは、戦争を有利に進めるために、3つの約束をしました。今の中東をめぐる争いは、この時にイギリスがした無責任な約束がもとになっています。

イギリスはまず、アラブ人に対して、オスマン帝国を追い出せば、パレスチナにアラブ人の国をつくると約束して味方にします。次に、ユダヤ人に対しては、イギリスに味方すれば、パレスチナにユダヤ人の国をつくると約束します。ところが、イギリスは、フランスに対して、協力して戦争に勝ったら、オスマン帝国の領土をイギリスとフランスで分け合おうという約束もしていました。この約束は、約束そのものが秘密にされ、後にロシアも参加しました。

これらの約束は、むじゅんしているので、全部守ることはできません。イギリスが実際に守ったのは、フランスとの約束だけでした。

イスラエルができる

第一次世界大戦の後、パレスチナは、イギリスが支配していました。

その後、再び世界を巻きこむ**第二次世界大戦**が起こります。この時、約600万人ものユダヤ人がドイツにとらえられて収容所に入れられ、殺されました。

ユダヤ人が、自分たちの国を持ちたいという思いはますます高まり、第二次世界大戦後、昔ユダヤ人の国があったパレスチナに、ユダヤ人の国をつくろうとする動きが活発になりました。

そのころ、パレスチナを支配していたイギリスの力はおとろえていました。ユダヤ人は、パレスチナからイギリスを追い出そうと、イギリスの兵士をおそいます。1947年、イギリスは、パレスチナから引き上げることを決めました。

そして、1948年5月、ユダヤ人は、イスラエルという国の建国を宣言したのです。

イギリスがした3つの約束

第一次世界大戦の際、味方を多くつくるために、イギリスは3つのグループの人たちと、それぞれ別の約束をしました。

イギリス

アラブ人には… オスマン帝国を追放するのに協力してくれれば、パレスチナにアラブ人の国をつくりましょう。

ユダヤ人には… イギリスに味方すれば、パレスチナにユダヤ人の国をつくりましょう。

フランス・ロシアには… イギリスに味方すれば、パレスチナをふくむ国、オスマン帝国を分け合いましょう。

第一次世界大戦が終わった時、イギリスが守ったのは、フランスとの約束だけだった。パレスチナはイギリスが支配するようになる。

イギリスのものにしちゃおう。

うそつきめ！

国がほしいよう。

アラブ人

ユダヤ人

第二次世界大戦中に、600万人ものユダヤ人が殺された。

自分の国があれば、こんなことにならなかったかもしれない。

第二次世界大戦の後、パレスチナから、イギリス人を追い出し、国連の提案もあり、イスラエル建国を宣言した。

ユダヤ人の国ができた！

認めないぞ。アラブ人の土地だ。

ユダヤ教はどんな宗教なの？

ユダヤ人の多くは、ユダヤ教を信じています。ユダヤ教は、古代、ユダヤ人の指導者だったモーゼが、唯一の神であるヤハウェと約束した教えを生活の中で守ろうする宗教です。
教育を大切にすること、週に1回の安息日には働かないことなどが特ちょうです。

2 どうしてアラブとイスラエルは戦争をしたの？

イスラエルに反発するアラブ

第二次世界大戦の後、イギリスは、パレスチナ問題の解決を国際連合（国連）に任せ、パレスチナから立ち去りました。パレスチナでの争いのきっかけをイギリスがつくったのに、です。

1947年、国連は、「パレスチナ地域を分けて、ユダヤ人の国とアラブ人の国をつくる」と決めました。自分たちの国がなかったユダヤ人は喜びました。しかし、2000年以上もパレスチナ地域で暮らしていたアラブ人（パレスチナ人）にとっては、許せないことでした。

1948年5月のイスラエル建国宣言を、当然アラブ人は認めませんでした。建国宣言のあったすぐ次の日に、アラブであるエジプトやシリア、ヨルダン、レバノン、イラクなどといった国が連合軍を送り、イスラエルを攻撃しました。これが第一次中東戦争です。

アラブ側は、できたばかりのイスラエルの力をあまく見ていました。簡単に勝てると思っていたようですが、この戦争は10か月も続き、イスラエルの勝利に終わりました。

エルサレムを分けて占領

その結果、イスラエルは、国連が決めた範囲より多くの土地を占領しました。また、エルサレムという街が、イスラエルとアラブのヨルダンとで半分ずつ占領されました。

エルサレムは、ユダヤ教、キリスト教、イスラム教の3つの宗教にとって大切な場所で、聖地と呼ばれます。この街をめぐっては、昔から信じる宗教がちがう人たちの間でうばい合いが起こっています。そのエルサレムが、ユダヤ人側とアラブ人側に分けて占領されたのです。

第一次中東戦争でアラブ側が負けたため、パレスチナ地域に住んでいたアラブ人は、土地を失い、周辺の国ににげこみました。戦争などのために、住んでいた場所をはなれなければならなくなってしまった人を、難民と言います。この時、約100万人もの人々が難民となりました。

アメリカやソ連の口出し

イスラエルとアラブの間の戦争は、これまでに4回起こっています。1973年の第四次中東戦争では、エジプトとシリアが、とつぜんイスラエルを攻撃しました。この2国は、ソ連（現在のロシア）から武器をもらっていました。いっぽう、イスラエルは、アメリカから武器をもらっていました。ひとつまちがえれば、アメリカとソ連の戦争になるおそれもありました。そのため、国連は、イスラエルに戦争をやめるように強くうったえました。この戦争は、中東地域での争いに、アメリカ、ソ連という大国が深くかかわっていることを示しました。

中東で起こった戦争

1948年

★第一次中東戦争

　イスラエルが建国宣言したが、アラブ人はこれを認めなかった。次の日、アラブのエジプトやシリア、ヨルダンなどが連合軍を送り、イスラエルを攻撃した。この戦争は、10か月続き、イスラエルの勝利に終わる。イスラエルは、国連が決めていたより多くの土地を占領し、領土としてしまった。

1956年

★第二次中東戦争

　エジプトが、スエズ運河を自分の国のものにしたと発表したことが始まり。イギリスとフランスが、イスラエルをそそのかして、エジプトを攻撃させた。その後に、スエズ運河を守るために、イギリスとフランスが軍を送ろうと考えたからだ。しかし、この時は、アメリカとソ連など、世界が反対。イギリスやフランスに代わり、アメリカとソ連が世界の大国となったことを示した。

1967年

★第三次中東戦争

　わずか6日間の戦争だった。イスラエルは、エジプトやシリアが力を強めていることをおそれ、先に攻撃をしかけた。この作戦は大成功し、イスラエルは、それまでヨルダンやエジプトの領土だった地域を占領した。

1973年

★第四次中東戦争

　第三次中東戦争で、さんざんな目にあったエジプトとシリアが、とつぜんイスラエルを攻撃した。エジプトやシリアはソ連から、イスラエルはアメリカから武器をもらっていた。ひとつまちがえれば、アメリカとソ連の間での戦争になるおそれもあった。国連は、そんな危険をさけるため、イスラエルに戦争をやめるように強くうったえた。
　この戦争は、中東での争いに、アメリカ、ソ連という大国が深くかかわっていることを示した。

アメリカはアラブの敵だ！

4回にわたる中東戦争の間、パレスチナを追われたアラブ人が、もともと住んでいた土地にもどれることをめざし、アラブ人によって**PLO（パレスチナ解放機構）**という組織がつくられました。1969年からPLOを指導したのは、**アラファト議長**です。

PLOは、テロやゲリラ活動という手段を使ってでも、パレスチナ地域をアラブ人の手に取りもどそうとしました。そのため、イスラエルとの間で対立が続きます。

パレスチナの地をアラブ人の手に取りもどそうとする人々によるハイジャック（飛行機を乗っ取ること）やテロがたえませんでした。

パレスチナに味方する人々は、アメリカを敵と思うようになります。アメリカにいるユダヤ人は、アメリカ政府に、イスラエルを助けるようにうったえていましたし、アメリカからイスラエルにわたされた武器も多かったからです。

平和が実現するか？

パレスチナをめぐる平和への動きがなかなか進まない中、イラクがクウェートに攻めこんだことをきっかけに、1991年に**湾岸戦争**が始まりました。この時、PLOはイラクを支持しましたが、アラブのほとんどの国は、イラクに反対しました。そのため、PLOの立場が苦しくなり、イスラエルとの話し合いを進めました。

イスラエルでは、1992年の選挙で、**ラビン**が首相になりました。ラビン首相は、パレスチナを武力で支配するやり方はよくないと思っていました。

1993年1月からノルウェーのオスロで、PLOの代表とイスラエルの代表が話し合いを進め、9月には**オスロ合意**と呼ばれる取り決めに調印しました。これは、イスラエルがパレスチナの占領地域から兵を引き上げ、パレスチナ人に自治を認めることなどを決めたものです。それまでの対立からは考えられないほど、おたがいに歩み寄ったものです。中東は、一気に平和に向かうものと思われました。

再び争いが起こる

ところが、イスラエルとパレスチナの過激派組織の中には、相手を徹底的にたおすべきだと考える人たちがいました。

イスラエルのラビン首相は、1995年11月に、このような考えのユダヤ人に殺されてしまいました。その後、イスラエルの首相になった**シャロン**は、アラファトとの話し合いをやめてしまいました。アラファトは、2004年に亡くなりました。

2014年に、イスラエルとパレスチナは停戦に合意しました。しかし、パレスチナ側には、アラファトが率いてきた**ファタハ**という組織のほかに、イスラエルに強硬な**ハマス**という組織があります。ハマスは、イスラエルに対してロケット砲を打ちこむなどの攻撃をし、イスラエルはその仕返しをし、争いは終わりません。

今のところ、解決への道はまったく見えていません。

イスラエルとアラブをめぐる動き

中東での争いの中心の1つは、イスラエルとアラブ諸国との間の対立です。しかし、アラブの国の間でも考え方のちがいがあります。

イスラエル

イスラエルは、ユダヤ人の土地だ。

過激な人もいるし、おだやかな人もいる。

パレスチナ地域を返せ！

PLO（パレスチナ解放機構）

PLOの味方をするぞ。

平和条約を結ぶ。

エジプト

イスラエルとは仲よくしたい。でも、イスラエルとアラブも、仲よくしてもらいたい。

アメリカ

アラブのくせに、どうしてイスラエルと仲よくするんだ！

アラブ諸国

平和を願ったラビン首相

イスラエルの首相だったイツハク・ラビンは、パレスチナの平和を願い、話し合いを進める態度を貫きました。パレスチナをおさえるのに武力を使うことはよくないと考え、1993年には、アラファト議長のPLOとの間にオスロ合意を結び、その功績から翌年にノーベル平和賞を受賞しました。しかし、1995年、反対派によって、暗殺されてしまいました。

写真：AFP＝時事

1993年、和平に合意したイスラエルのラビン首相（左・当時）とPLOのアラファト議長（右・当時）。真ん中は、アメリカのクリントン大統領（当時）。

3 パレスチナ難民とは、どういう人なの？

パレスチナからにげた人々

中東でのアラブとイスラエルの長い争いは、多くの犠牲者を生み、たくさんの悲しみをつくり出してきました。

パレスチナには、2000年もの間、アラブ人が暮らしてきました。第二次世界大戦後、イスラエルが建国されて、同時に第一次中東戦争が起こると、パレスチナのアラブ人の多くが周辺の国ににげこみました。その数は、およそ100万人と言われています。これは、当時パレスチナに住んでいたアラブ人の3分の2にもおよぶ数です。

1967年の第三次中東戦争でも、イスラエルが占領した地域が広がったため、たくさんの人々がほかの国にのがれました。

難民って、どんな人なの？

ある国に住んでいた人々が、戦争や政治のしくみが変わるなどしたために、そこに住めなくなって、外国ににげていかなければならなくなることがあります。このような人々が**難民**と呼ばれます。

このほか、地震やききんなどの災害のために、よその土地へのがれていく人もいますが、これらの人々も、広い意味で難民と考えられます。

難民となる人々は、自分たちから進んでほかの土地ににげていったわけではありません。そうしなければ生きていけないので、しかたなくにげていったのです。

戦争は大昔から絶えることがなく、どの時代にも難民となる人々は、たくさんいたはずです。

日本で、難民ということばがよく知られるようになったのは、1975年ごろのことです。

東南アジアのベトナムで長い戦争が終わった後、ベトナムや、となりのカンボジアでは、争いが続き、なかなか落ち着きを取りもどせないでいました。

新しくできた政府のやり方に反対する人も多く、これらの人々は、国からにげ出し、小さな船にひしめくように乗って、海へのがれました。この人たちは、**ボートピープル**（船に乗った人々）とも呼ばれました。中には、目的地に着く前にあらしのためにしずんでしまった船もあります。そんな危険があることも知りながら、にげ出さないわけにはいかなかったのです。

その後起こった戦争や国の中での争いでも、世界のさまざまなところで難民は数多く発生しています。

1979年に、ソ連がアフガニスタンに攻めこんだ時には、アフガニスタンからパキスタンなどへにげこんだ難民がいました。

難民は、戦争や国の中での争いの犠牲になった人々なのです。

争いの犠牲になる人々

戦争や内戦などの争いが起こると、一般の人々は、住んでいた場所に住めなくなってしまうことがあります。住み慣れた土地をはなれてにげていかなければならない人々を難民と言います。

写真：時事

パレスチナ難民キャンプにある商店（ヨルダン）。

難民キャンプにいるパレスチナ難民。　写真：Ryan Rodrick Beiler / Shutterstock.com

紛争のたびにたくさんの難民が出るんだ。

争いに巻きこまれて、ふるさとをはなれるなんて、気の毒だね。

写真：AFP＝時事

レバノンのパレスチナ難民キャンプからにげてきた少女たち。

難民はどこに住んでいるの？

パレスチナ人（アラブ人）は、ヨルダンやシリアなどの国ににげていきました。財産なども持ち出す時間がじゅうぶんでなく、ほとんどの人は着の身着のままでにげていきました。

難民たちは、とりあえず住むところにテントなどを立て、仮の家にします。早くもとの土地にもどりたいという思いもありますし、どれくらいそこに住めるかもわからないからです。もちろん、水道や電気、ガスなどはじゅうぶんにありません。井戸や川から水をくみ、たきぎを拾ってにたきをする暮らしです。

このような場所は、**難民キャンプ**と呼ばれます。電気や水道のない生活が何日も続くと不便でしかたがないでしょう。しかも、いつまでそんな生活が続くかわからないとしたら…。難民キャンプでは、私たちの想像をこえた苦しい生活があるのです。

500万人以上の難民

パレスチナ難民は、70年近くもの間、難民キャンプでの生活を送っています。人々は、最初の難民から、その子どもや孫が中心になってきています。これほど長い期間なので、住まいもテントのようなものではなく、コンクリートなどを使ったじょうぶな建物もできています。難民が多く暮らす地区は、道路もつくられています。しかし、その生活は、快適なものではありません。

とてもせまい範囲に、たくさんの人々が住んでいます。住まいもみすぼらしいものです。水道も下水も、電気も満足にありません。食べ物も、生きていくのがやっとというくらいのものです。

難民生活を送る間に、子孫ができ、難民の数は、500万人をこえています。これほど多数の人々が、故郷のパレスチナに早くもどりたいと願いながら、苦しい生活を続けているのです。

国がないって、どういうこと？

パレスチナ難民は、自分たちの国を持っていません。どの国の国民でもないのです。

パレスチナ難民は、だれかに攻撃を受けても守ってもらえません。病気になっても、満足な治療が受けられません。外国へ行くためのパスポートもありません。それは、どんなに不安なことでしょう。同じ人間として生まれながら、なぜこんな生活を送らなければならないのでしょう。

パレスチナ人は、1日も早く、自分たちの国を持ちたいと願っています。PLO（パレスチナ解放機構）をつくったのもそのためです。

しかし、イスラエルは、パレスチナの国ができることをなかなか認めません。

中東が平和な地域になるためには、イスラエルとアラブの仲がよくなることが欠かせません。アメリカはその仲立ちをしていましたが、2014年に中断して以来は手を引いています。

パレスチナの国ができ、中東が平和になるまでには、長い道のりがあると思われます。

パレスチナ難民はどんな暮らし？

難民たちは、住まいも立派でなく、電気や水道なども満足に使えない生活をしています。

難民キャンプの家族。せまい土地に大勢が暮らしている。
写真：AFP＝時事

テントがたち並ぶ難民キャンプ。
写真：EPA＝時事

難民キャンプというよ。

水道も下水も電気も不便だ。

病気になるのはとても不安だ。

早くふるさとに帰りたい。

自由に旅行もできない。

4 イスラエルとアラブが平和になるには？

世界大戦は終わったけど…

第二次世界大戦は、世界の多くの国々を巻きこんだ戦争でした。日本でも、空襲でたくさんの人々が亡くなり、傷つき、家や財産が失われました。一瞬で何十万人もの人の命をうばうおそろしい原子爆弾も使われました。

この戦争が終わった時、世界の多くの人々は、二度とこのような悲惨なできごとが起こってはならない、戦争はもうたくさんだと思いました。そこで、平和を守るための機関として、国際連合(国連)をつくりました。そして、国と国との争いから戦争が起こるのを防ぐため、話し合いで解決していこうという約束をしました。

ところが、戦争が終わって3年もたたない1948年、イスラエルの建国とともに、中東戦争が始まりました。それから70年近く、中東では、イスラエルとアラブとの間で起こった4回にわたる戦争を始め、毎日のように、もめごとやテロが起こっています。

複雑な中東の問題

中東でのイスラエルとアラブとの争いは、イスラエルが建国され、パレスチナの人々が住むところを失った時に始まっているようですが、それ以前からの問題も見過ごせません。イスラエルがなぜパレスチナに建国したのか、建国したユダヤ人とはどういう人たちなのかを知っておかないと、今に続くさまざまな問題を考えられません。

また、イギリスやアメリカなど、ほかの国がどんなことをしてきたのか、それらの国々が現在どのような立場にあるのか、アラブの国々はどのような立場をとっているかなど、国と国との関係やこれまでのいきさつにも目を向ける必要があります。

中東での問題は、それほど根が深く、さまざまなことが複雑に関係しているのです。

希望が失われかけている？

パレスチナに平和な日々が訪れるためには、どのようにしたらよいのでしょうか。

70年近くも続いている争いが、そう簡単に解決するはずがないという人もたくさんいます。しかし、これまでに、あとひと息のところで平和が訪れるだろうという段階までこぎつけたこともありました。

イスラエルのラビン首相と、PLOのアラファト議長が手をとり合った姿が、平和への確かな一歩であったことはまちがいなかったのです。

ところが、その後のラビン首相の暗殺などで、パレスチナは、再び争いが続く血なまぐさい地域にもどってしまいました。希望が失われかけているのです。

3つの宗教の聖地があるエルサレム

パレスチナにある都市、エルサレムには、ユダヤ教、キリスト教、イスラム教の3つの宗教にとっての聖地（大切な意味を持つ場所）があります。このことは、中東の紛争を、いっそう難しくしています。

イスラエル最大の都市、エルサレムのようす。　写真：PIXTA

聖墳墓教会（キリスト教）

写真：PIXTA

イエス・キリストが処刑されたゴルゴタの丘と、復活した場所とされる墓をおおって建てられている。

（地図中）
- イスラム教徒地区
- キリスト教徒地区
- 岩のドーム
- 聖墳墓教会
- 嘆きの壁
- アルメニア人地区
- ユダヤ教徒地区
- アル・アクサモスク

岩のドーム（イスラム教）

嘆きの壁（ユダヤ教）

ユダヤ人の国があった時代の神殿あと。ローマ人にこわされ、その後ユダヤ人は神殿を失った。ユダヤ教の人がここを訪れ、聖地を失ったことをなげいたことから名前がついた。

写真：PIXTA

ムハンマドが天国に上ってもどってきたとされる岩をおおって建てられている。　写真：PIXTA

4 イスラエルとアラブが平和になるには？

パレスチナ難民をどうする？

イスラエルとアラブが平和になるには、どうしたらよいのでしょうか。

最も大きな問題は、イスラエルのために難民となったパレスチナ人たちをどうするかです。かれらの最大の願いは、イスラエルを追いはらい、もともと暮らしていた地域にもどって、パレスチナ人の国をつくることです。パレスチナ人の中の過激派は、そのために、イスラエルに対してテロをしかけているのです。

しかし、現実には、イスラエルを追いはらうことは、たいへん難しいことです。相手を上回る武力が必要です。つまり、戦争にうったえない限り不可能なのです。

イスラエルという国の存在を認めた上で、自分たちの国を別に建てるという選択もあります。しかし、イスラエルは、今のところ、占領している地域から退くつもりはありません。

イスラエル側から見ると…

イスラエルの側から見るとどうなるでしょう。イスラエル国民の大半をしめるユダヤ人は、もともと自分たちはパレスチナに住んでいたのだから、ここに自分たちの国をつくるのは当然であると考えています。パレスチナ人やアラブの国々は、テロや戦争で、イスラエルの存在をおびやかしているというのです。

パレスチナの国をつくるために、現在占領している土地をゆずると、イスラエルにとっての危険が増してしまうと考えています。

公平に間に立つことはできる？

イスラエルとアラブの両者の主張は、同時に実現できるものではありません。どこかで折り合いをつけなければならないのです。

アメリカは、これまでに何度も両者の話し合いの場を設けてきました。しかし、アラブ側から見ると、アメリカはイスラエルの利益を考え、イスラエルの立場に立った交渉をさせようとしていると見えるようです。アメリカには、ユダヤ人が多く、政府の方針に影響をあたえているからです。

アメリカも、なかなか平和が実現しないことから、間に立つことをやめています。

そうなると、国連が公平な立場で間に立つのがよいのですが、各国の考えをまとめ、公平な立場に立つことは簡単ではありません。

暴力では問題は解決しない

紛争地域では、こうしている間にも、テロなどによって命を失ったり、けがを負ったりする人が出ています。パレスチナ難民は、今日も苦しい生活を送っています。

争いを解決するには、暴力にうったえるしかないのでしょうか。

暴力は、次の暴力を生みます。愛する人のいのちをうばわれた人は、仕返しをしたいと思うでしょう。それがくり返される限り、平和は訪れません。

どうすれば、平和を手に入れられるのか、自分なりに考えてみましょう。

中東が平和になるには…

中東が平和になるには、イスラエルとアラブがゆずり合うことが必要でしょう。自分なりに、どんな方法があるか、考えてみましょう。

 パレスチナ人が、イスラエルを追い出して、パレスチナ人の国をつくると…。

→ イスラエルより強い武器を用いて戦争をすることになる。そうすればアメリカやほかの国々を巻きこんだ大規模な戦争になる。

→ 戦争で大きな犠牲が出るだろう。

 イスラエルを国として認めて、別にパレスチナ人の国をつくればよい。

→ 国をつくるには、領土になる土地が必要。

→ 現在のパレスチナ人には、わずかな自治区しかない。しかもイスラエルは、その周りを高い壁で取り囲もうとしている。

 パレスチナ人の後からユダヤ人が来たのだから、イスラエルが国を小さくすればよい。

→ ユダヤ人は、パレスチナ人の前にパレスチナに住んでいたのだから、自分たちの国をつくるのは当然だと考えている。逆にパレスチナ人やアラブの国々が、イスラエルの存在をおびやかしている。

→ 領土をゆずると、イスラエルはさらに危険にさらされることになると考える。だから領土はゆずれない。

 ## 第3章 のまとめ

中東の紛争の原因の1つとして、イスラエルとアラブ諸国との間の、パレスチナ地域をめぐる争いがあります。

第二次世界大戦後に、イスラエルができたことを周りのアラブの国々が認めず、たびたび戦争が起こってきました。

イスラエルができたことで、多くのパレスチナ難民が生まれ、長い間不自由な暮らしをしています。1990年代に、平和に向けた動きが進みましたが、その後はまたイスラエルとパレスチナ難民たちをまとめる組織の関係が悪化しています。

中東の平和は、世界の平和にとっても欠かせません。長い歴史をふまえ、どのようにしたらよいか考えていきたいものです。

さくいん

●改訂版！はてな？なぜかしら？国際問題　〈全3巻〉

監修　池上彰

1950年、長野県生まれ。大学卒業後、NHK に記者として入局する。社会部などで活躍し、事件、災害、消費者問題などを担当し、教育問題やエイズ問題の NHK 特集にもたずさわる。1994年4月からは、「週刊こどもニュース」のおとうさん役兼編集長を務め、わかりやすい解説で人気となった。2012年から東京工業大学教授。

おもな著書に、『一気にわかる！池上彰の世界情勢 2016』（毎日新聞出版）、『池上彰の世界の見方』（小学館）、『大世界史』（文藝春秋）、『池上彰の戦争を考える』（KADOKAWA）がある。

●編集協力
　有限会社大悠社

●表紙デザイン・アートディレクション
　京田クリエーション

●本文デザイン
　木村ミユキ

●イラスト
　川下隆
　アキワシンヤ

●図版
　アトリエ・プラン

●表紙写真
　David Steele/Shutterstock.com
　（シリア難民）安田菜津紀・株式会社スタディオアフタモード

●参考資料
『アメリカ、ロシア、中国、イスラム圏を知れば　この複雑な世界が手に取るようにわかる』惠谷治（ダイヤモンド社）
『海外で恥をかかない世界の新常識』池上彰（ホーム社）
『現代用語の基礎知識』（自由国民社）
『現代用語の基礎知識／学習版　2015 → 2016』（自由国民社）
『世界最新紛争地図』（宝島社）
『世界を騒がす仰天ニュース「イスラム」ココがわからない !!』中東問題研究会（すばる舎）
『大世界史　現代を生きぬく最強の教科書』池上彰　佐藤優（文藝春秋）
『地図で読む世界史』柴宜弘・編著（実務教育出版）

改訂版！はてな？なぜかしら？国際問題
1巻　改訂版！はてな？なぜかしら？中東問題

2016年2月10日　　初版発行

発行者　　升川秀雄
編集　　　松田幸子
発行所　　株式会社教育画劇
　　　　　〒151-0051　東京都渋谷区千駄ヶ谷 5-17-15
　　　　　TEL：03-3341-3400　FAX：03-3341-8365
　　　　　http://www.kyouikugageki.co.jp
印刷・製本　大日本印刷株式会社

48P 297 × 210mm　NDC817 ISBN 978-4-7746-2049-7
Published by Kyouikugageki, inc., Printed in Japan